Bietschhorn 3934
Wiwannihorn 3001
Öugstchummuhorn 2924
Eewerrück 3380
Breitlauihorn 3475
Wiwannihütte
Klettergarten
2470
Färricha
roti Chüe
Arbol
BIETSCHTAL
Trosibodo
1578
Leiggern
2.00
GALTA
Säumerweg
1.45
1.30
Klettersteig
3.15
BALTSCHIEDERTAL
2.30
Ze Steinu
Raaft
Tunnel
Niwärch
Eggen
Eggerberg
Ausserberg
1008
4.00
nach Brig
nach Goppenstein, Bern
www.wiwanni.ch

Impressum

Verlag • Gwunderfitz Verlag

Autorinnen • Alexandra Barp, Gertrud Oester

Lithos, Satz, Druck • OFFSETDRUCKEREI AG, Zürich

Buchbinderei • FORMAT GUGGENBÜHL, Zürich

Lektor • Dieter Gloor

1. Auflage • Mai 2005

© Copyright • Dieses Werk ist urheberrechtlich geschützt

Internet, Bestellung • www.wanni.ch

Dieses Buch gehört: Lara

und wurde mir am _____ von Moni 🌸 geschenkt

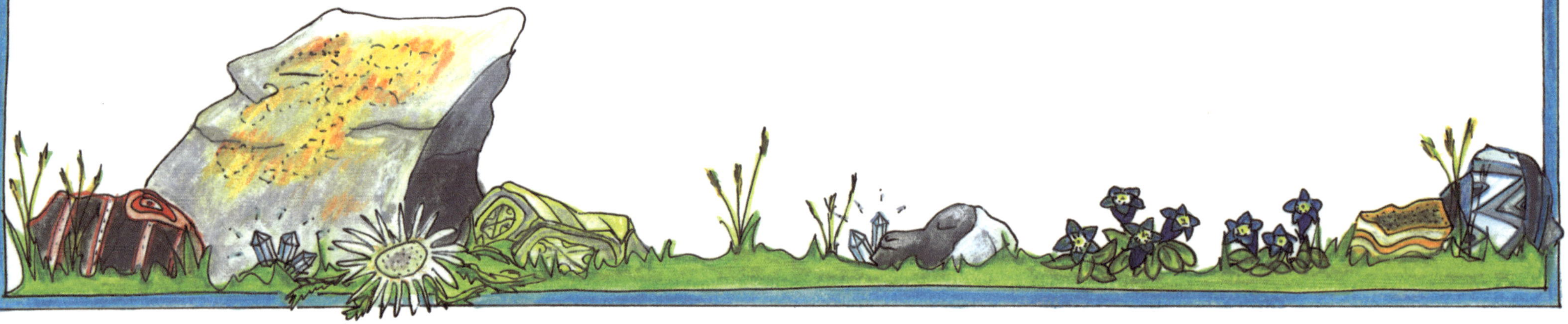

WANNI

Eine sagenhafte Geschichte aus den Walliser Bergen

Text Gertrud Oester
Bilder Alexandra Barp-Oester

Eiszeit

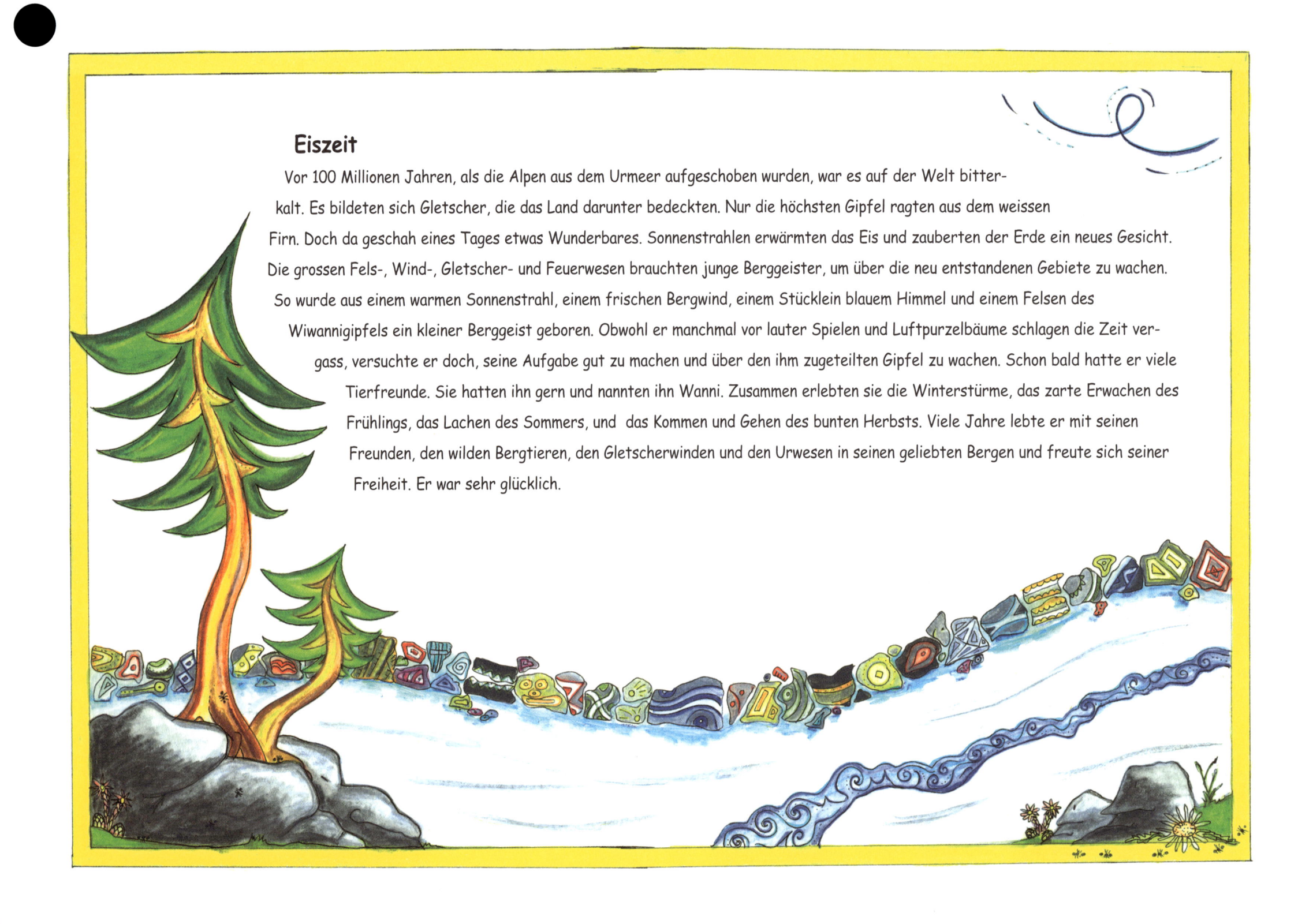

Vor 100 Millionen Jahren, als die Alpen aus dem Urmeer aufgeschoben wurden, war es auf der Welt bitterkalt. Es bildeten sich Gletscher, die das Land darunter bedeckten. Nur die höchsten Gipfel ragten aus dem weissen Firn. Doch da geschah eines Tages etwas Wunderbares. Sonnenstrahlen erwärmten das Eis und zauberten der Erde ein neues Gesicht. Die grossen Fels-, Wind-, Gletscher- und Feuerwesen brauchten junge Berggeister, um über die neu entstandenen Gebiete zu wachen. So wurde aus einem warmen Sonnenstrahl, einem frischen Bergwind, einem Stücklein blauem Himmel und einem Felsen des Wiwannigipfels ein kleiner Berggeist geboren. Obwohl er manchmal vor lauter Spielen und Luftpurzelbäume schlagen die Zeit vergass, versuchte er doch, seine Aufgabe gut zu machen und über den ihm zugeteilten Gipfel zu wachen. Schon bald hatte er viele Tierfreunde. Sie hatten ihn gern und nannten ihn Wanni. Zusammen erlebten sie die Winterstürme, das zarte Erwachen des Frühlings, das Lachen des Sommers, und das Kommen und Gehen des bunten Herbsts. Viele Jahre lebte er mit seinen Freunden, den wilden Bergtieren, den Gletscherwinden und den Urwesen in seinen geliebten Bergen und freute sich seiner Freiheit. Er war sehr glücklich.

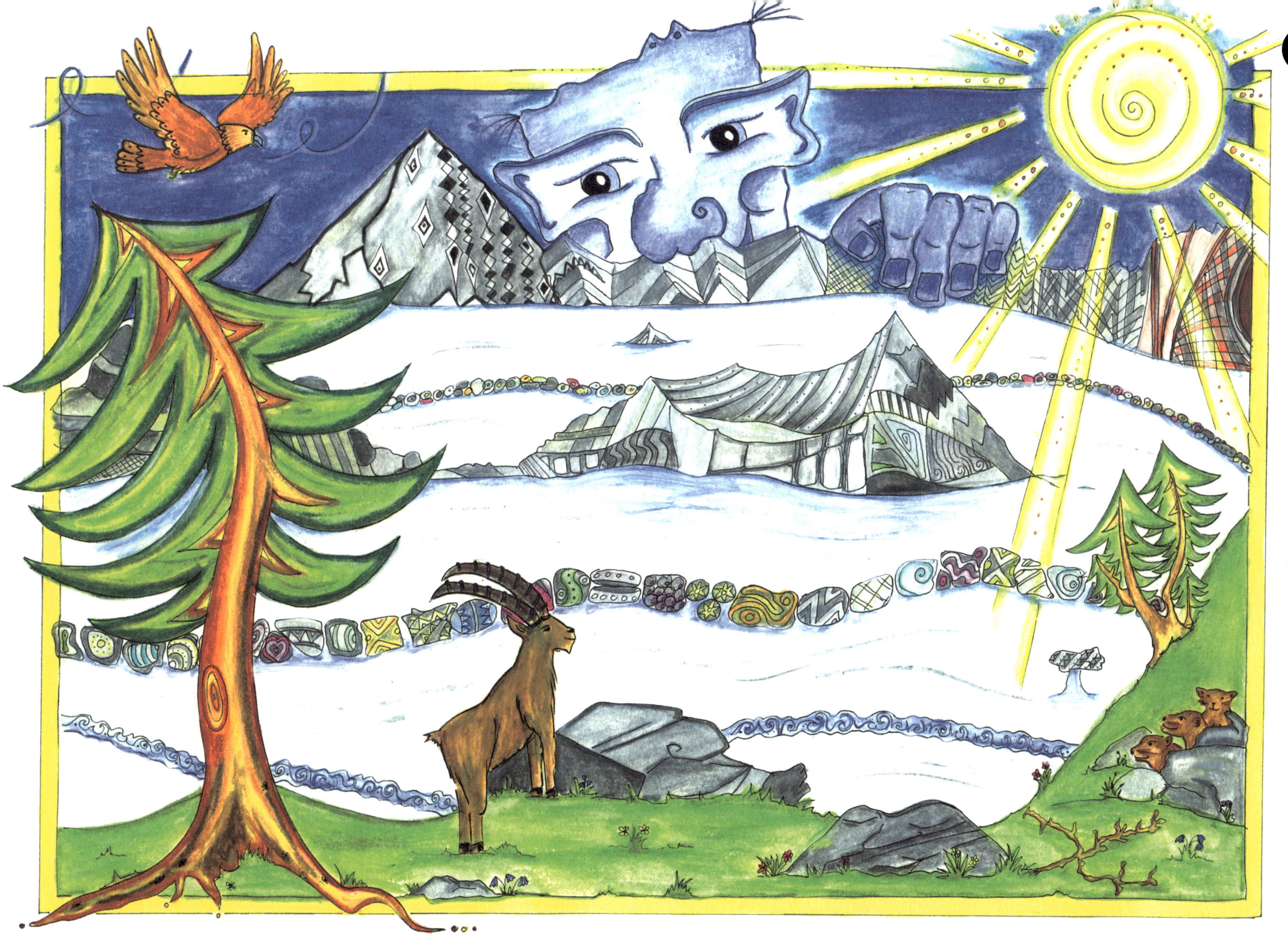

Eisschmelze

Aber immer noch war die Erde in Bewegung. Die Sonne glühte immer stärker und erwärmte Felsen und Täler so sehr, dass der Schnee und das Eis unaufhörlich zu schmelzen begannen. Schreckliches geschah. Berggipfel wankten, stürzten zu Tal. Wilde Wasser zerfurchten neue Täler. Wannis Freunde gerieten in grosse Not. Ja, sogar in Lebensgefahr! Sie schrien ihm verzweifelt zu. Wanni half ihnen, wo er nur konnte, und arbeitete Tag und Nacht. Auch der Steinadler, Wannis bester Freund, machte sich Sorgen.

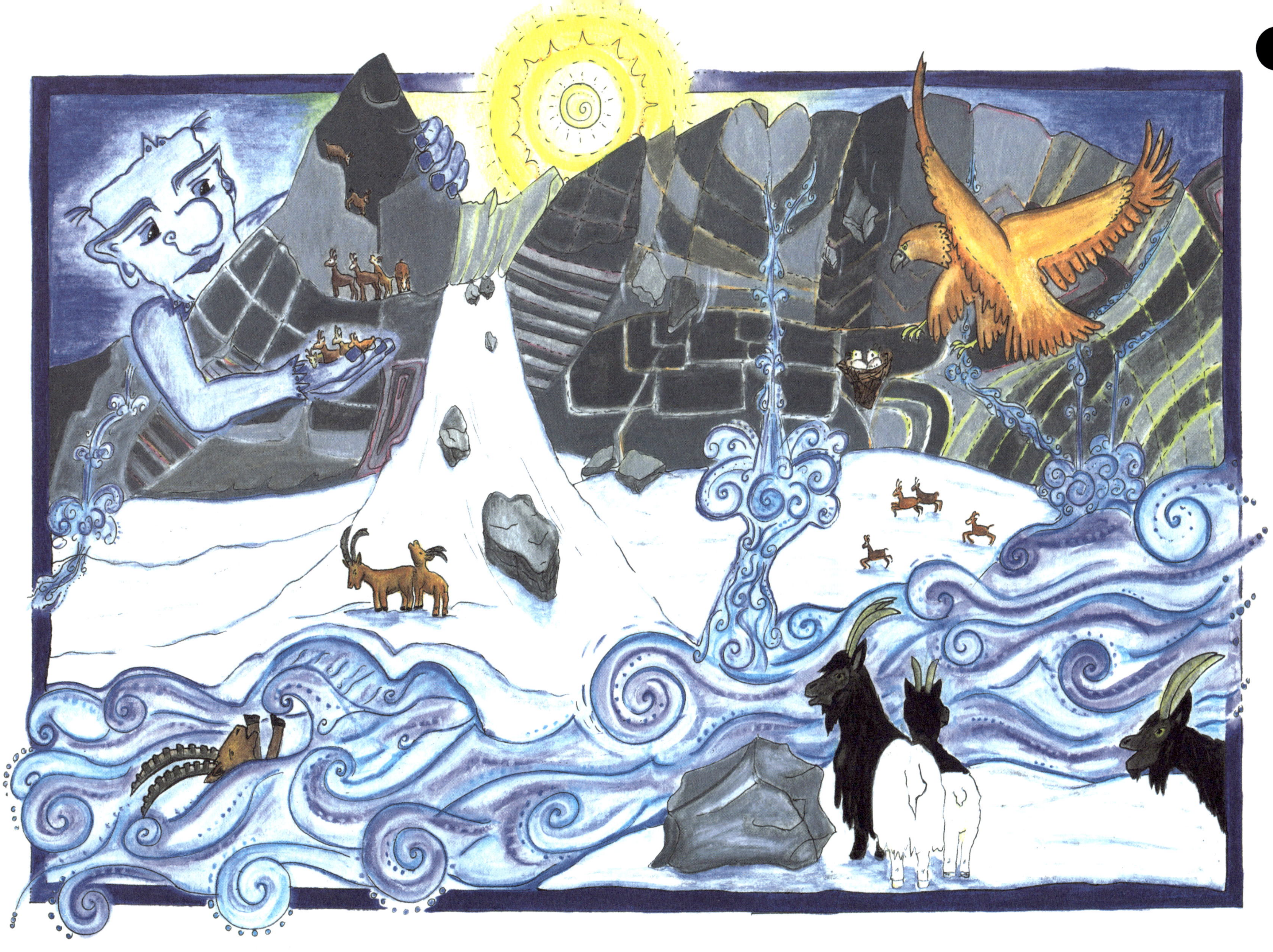

Land unter dem Eis

Als sich die Erde allmählich beruhigte, unternahmen Wanni und der Steinadler weite Streifzüge über das neue Land und sahen ungewiss dem unaufhaltsamen Schmelzen zu. Zu ihrer grossen Überraschung entstanden jedoch dort, wo das Eis weggeschmolzen war, wunderschöne grüne Alpweiden und junge Wälder. Wanni bestaunte die Wunder dieser aufblühenden Welt. Raum für neues Leben entstand. Zufrieden suchte er sich das schönste Plätzchen zwischen dem Bietsch- und Baltschiedertal, und richtete sich dort gemütlich ein. Von hier oben konnte er rundum alles beobachten, was ihn interessierte, und dachte über die Veränderungen der Welt nach. Das Land gefiel ihm gut.

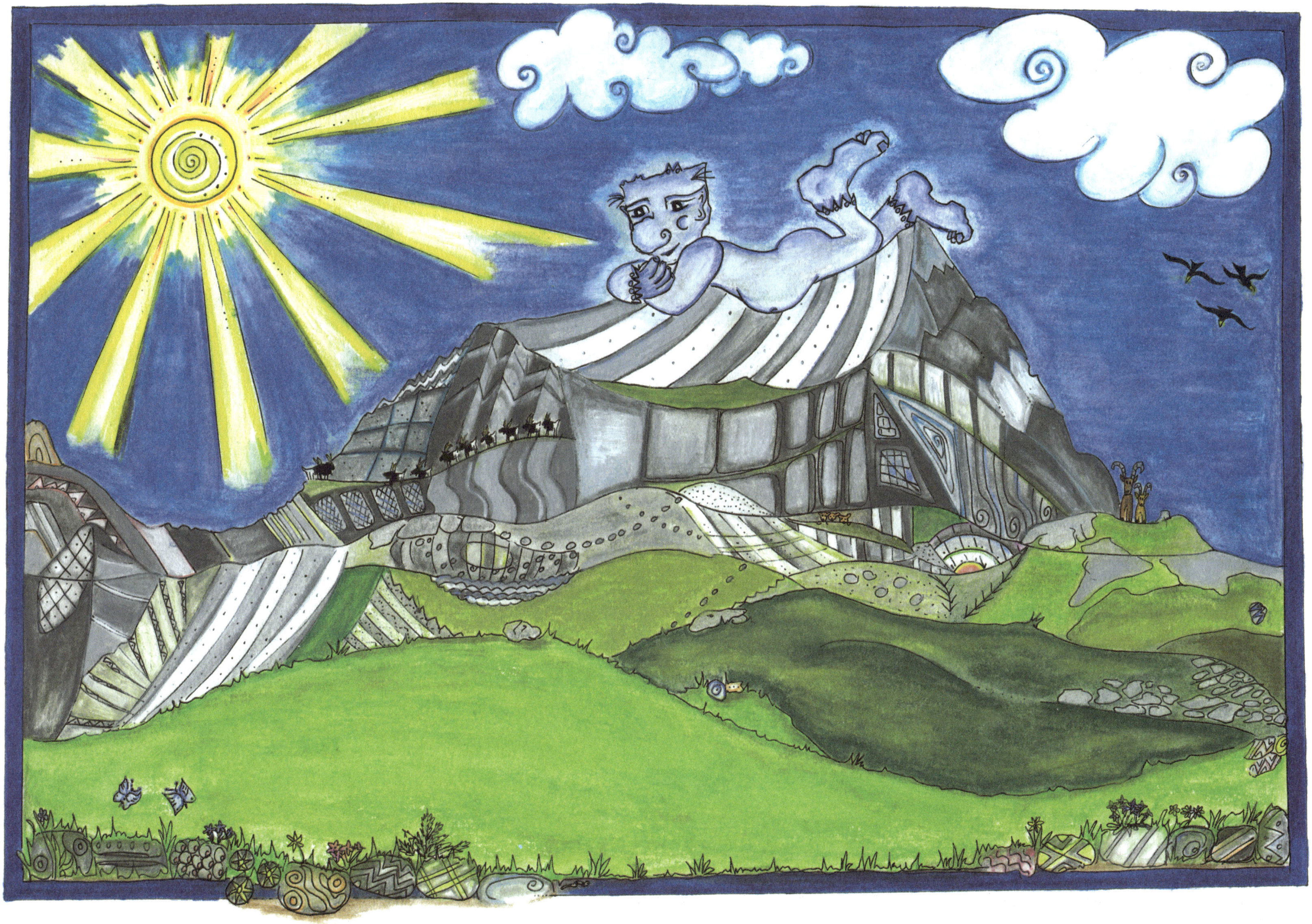

Roti Chüe

Jeweils bei Sonnenuntergang zog er hinunter zu einer Bergmulde, wo er sich mit seinen Freunden traf. Gemsen, Steinböcke, Murmeltiere, Schwarznasen-Schafe, Walliserziegen und der Adler versammelten sich an diesem sonnigen Ort. Hier erzählten sie einander, was sie während des Tages alles erlebt hatten. Sogar die Bergsperlinge zwitscherten ihre neuen Abendliedchen.

Wenn Wanni zu reden begann, lauschten alle gespannt seinen Berichten. Das Auf und Ab, das Hin und Her in der Natur gab viel zu diskutieren.

Manchmal hörte der Abendwind ein leises Lachen über die Felswände streifen. Manchmal aber auch ein Seufzen.

Wenn der Tag sich zurückzog, leuchteten die Berge und Wiesen rundum so herrlich rot, dass sogar die wilden Kühe und Ziegen in dieser Farbe schimmerten.*

Eingetaucht in dieses warme Licht konnten die Bergtiere nicht ahnen, dass ihr friedliches Abendritual nicht von Dauer sein sollte.

*"Die rote Kuh" ist noch heute eine Bezeichnung der Wiwannialp.

Der Name stammt von den rötlichen Flechten (Caloplaca elegans) an den Felsen

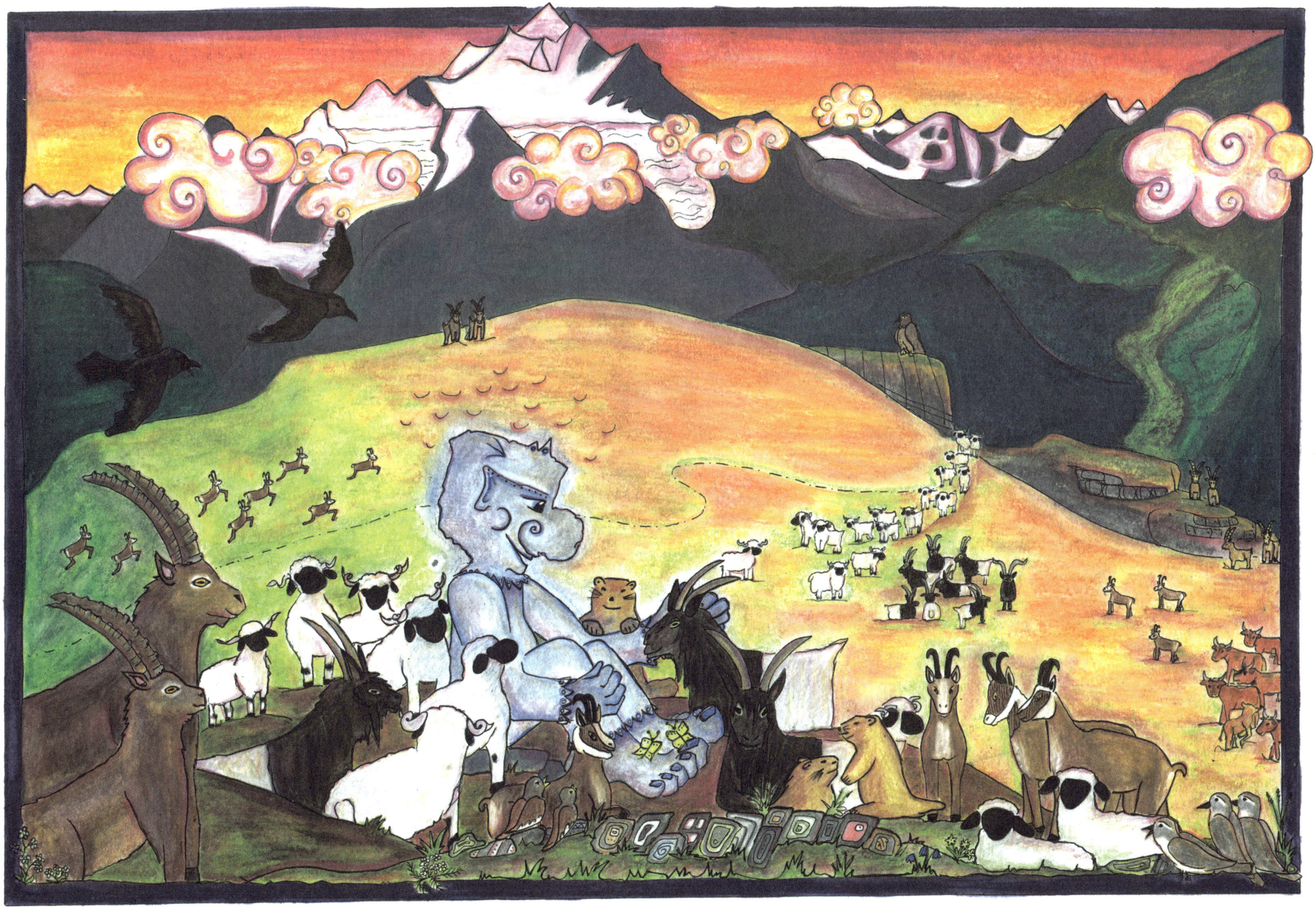

Weinwanne

Eines Tages zogen Zweibeiner hinauf zu dieser Mulde. Wanni freute sich sehr. Schon lange hatte er die munteren Wesen in ihren kleinen Holzhäusern beobachtet. Bestimmt werden sie seine Freunde werden, hoffte er. "Wie hibsch isch es hie obuna", jauchzten die Menschen in ihrer Sprache. Sie waren guter Dinge und tranken Wein. Sie tranken und johlten vor lauter Freude und merkten gar nicht, dass sie mit ihrem lauten Singen die Tiere erschreckten und verscheuchten. Der Platz gefiel ihnen so gut, dass sie bald darauf die ersten Weinreben pflanzten. (Sage 1) Aus dem Abendplätzchen von Wanni und seinen Freunden wurde eine Weinwanne. (Wiwanni) Sie bauten sogar einen Weinkeller in die Felsen.

Die Tiere beklagten sich bei Wanni über die seltsamen Störenfriede, und auch er selber war enttäuscht von ihrem lauten Tun. Er hatte gehofft, dass die Menschen aus den kleinen Dörfern seine neuen Freunde werden würden. Warum nur mussten sie seinen geliebten Abendplatz zerstören, seine Tierfreunde vertreiben und so tun, als wären sie allein auf dieser Welt! Der Adler riet ihm: "Sorge dafür, dass diese Weinwanne wieder verschwindet!" Zorn blitzte in seinen Augen auf. So ging das nicht weiter! Da hatte er eine Idee. Wanni rief die Winde, und bald zogen die ersten Wolken auf.

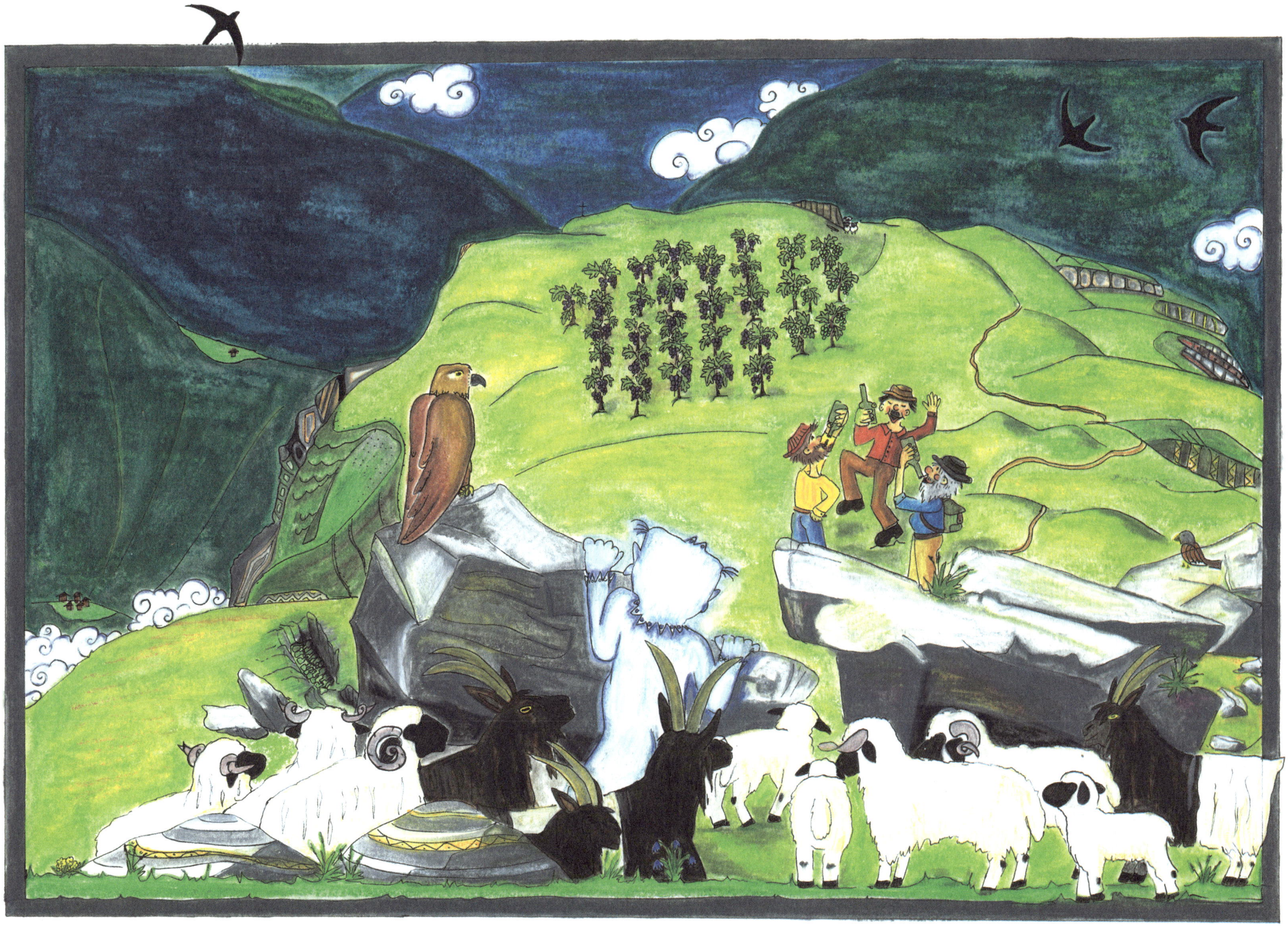

Gewitter

Es war das erste Mal, dass Wanni die Naturgewalten um Hilfe bat. Bald schon türmten sich Gewitterwolken hinter den Bergen auf. Eine stürmische Nacht kündigte sich an. Der Wind fegte um alle Bergkanten, löste Felsen, die polternd die Berge hinunterstürzten, die Wasser suchten sich neue Wege, und der heftig peitschende Regen heulte mit dem Sturm um die Wette.

"Es muss sein!", dachte sich der Berggeist und lenkte das Unwetter direkt auf seinen Lieblingsplatz, die "Weinwanne". Ein Blitz krachte donnernd in den Weinkeller und zerstörte klirrend alle Flaschen. Die Zweibeiner zitterten vor Angst und rannten so schnell sie konnten ins Tal hinunter. Die Tiere kauerten in ihren Verstecken. "So schnell kommen diese Übeltäter bestimmt nicht wieder", jubelten sie.

Noch nie zuvor war Wanni so zornig gewesen und hatte so etwas Furchtbares getan. Er war erstaunt über sich selber und seine zerstörerischen Kräfte.

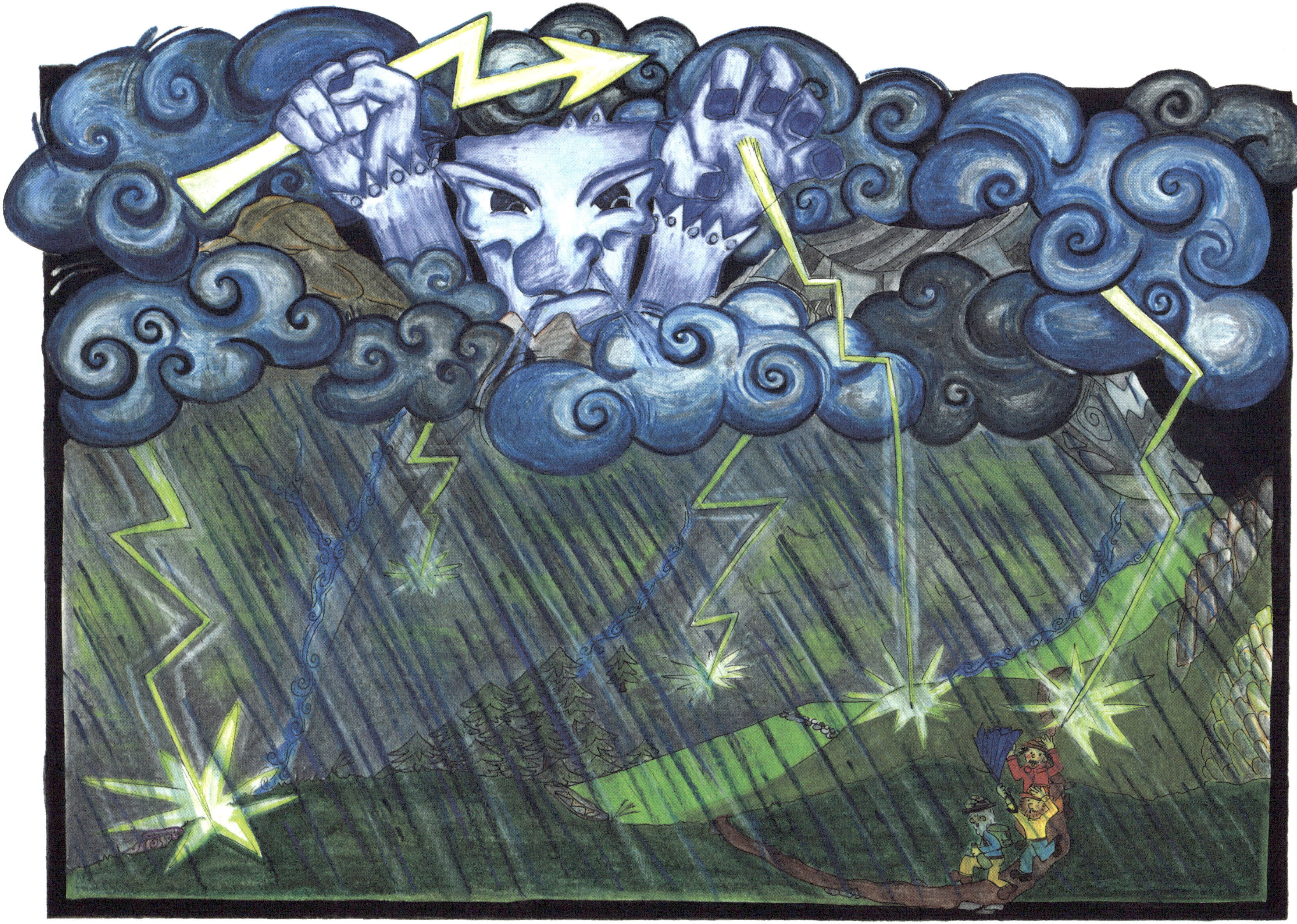

Wannis Tränen

Er bedankte sich bei den Winden für ihre Hilfe. Wie er nun aber die Zerstörung sah, tat es ihm Leid, und er weinte. Traurig dachte er: "Nun werden die Zweibeiner wohl nie mehr hierher kommen und schon gar nicht meine Freunde werden. Sie werden Angst vor mir haben und sich fürchten. Oder gäbe es eine andere Lösung? Vorerst muss ich mich für eine Weile verstecken. Ich will eine Weile allein sein." Alles Zureden seiner Tierfreunde war vergebens. Auf dem Weg zu seinem Versteck bemerkte er nicht, wie sich seine Tränen zu leuchtenden Kristallen verwandelten und auf den Rücken kleiner Sturmböen in Richtung Baltschiedertal kullerten. Er bemerkte nur, wie seine geistige Kraft nachliess. Traurig stolperte er talwärts, umrundete den äusseren Berg und schleppte sich mit grosser Mühe in einen schwer zugänglichen Ort im Bietschtal.

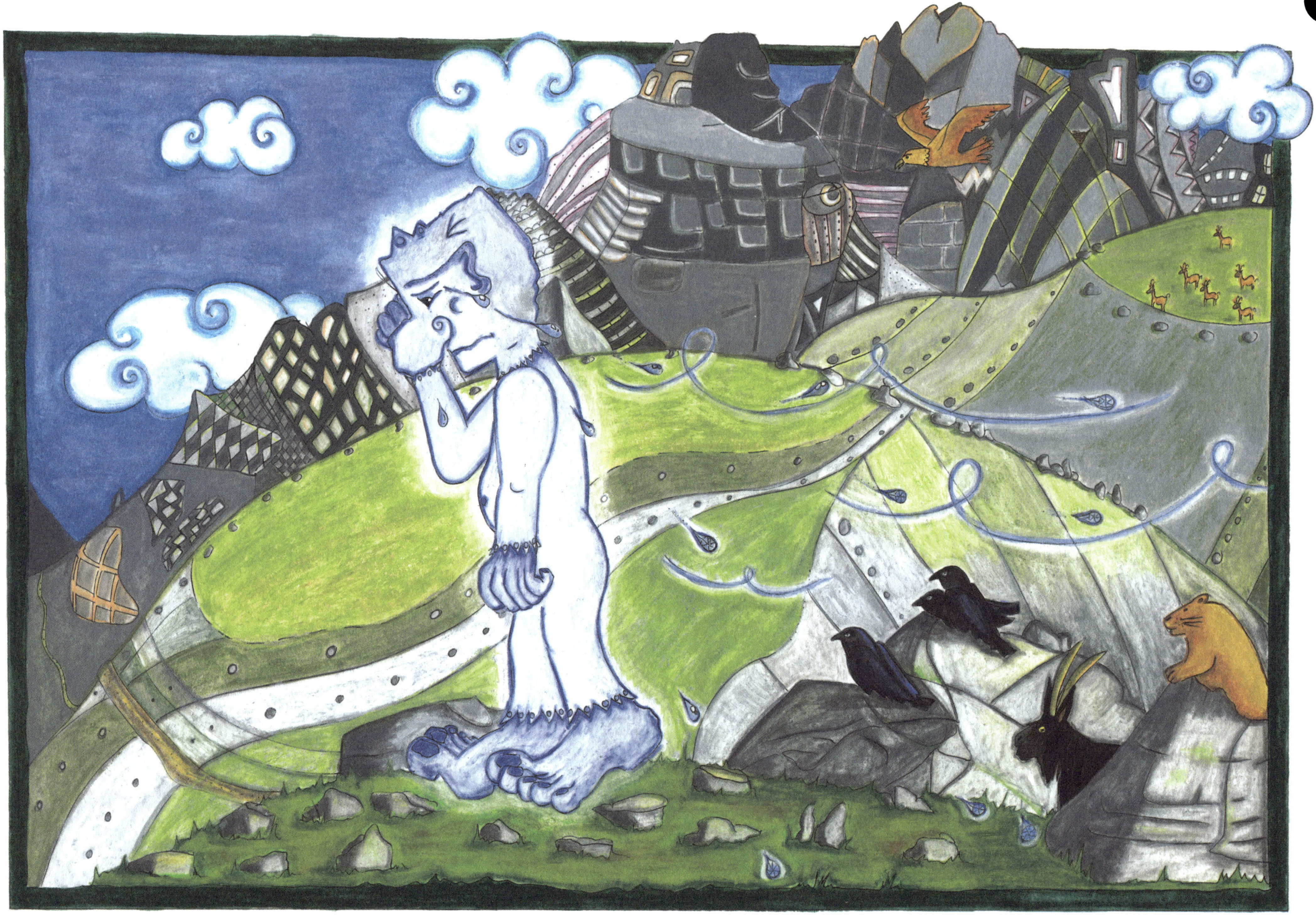

Nasulecher

Mitten in einer steilen Kalksteinwand befand sich seine Höhle. Hierher zog er sich zurück, wenn er allein sein wollte. Aus dem geheimnisvollen Innern flossen zwei muntere Bächlein. Über zackige Felsen kroch Wanni dem einem Bächlein entlang bis zuhinterst, wo sich das Wasser zu einem kleinen Seelein sammelte. Dort verriegelte er sein Versteck mit mächtigen Lärchenbalken und Geröll. (Sage 2) In der Dunkelheit und Stille hatte er Zeit zum Nachdenken. Lange Zeit blieb er verborgen. Nur das Murmeln und Gurgeln einer Quelle war zu hören. Selbst die Tiere konnten nicht zu ihm gelangen. Voller Kummer durchstreifte der Adler die Gegend und fand den Eingang zu einer geheimen Felsspalte, durch welche er seinen Freund wenigstens hören konnte. Auch die anderen Tiere kamen dazu und versuchten ihren geliebten Berggeist aus der Höhle zu locken. "Komm doch wieder zu uns! Wir brauchen dich! Ohne dich ist das Leben nur halb so schön! Du gehörst doch zu uns! Und vielleicht auch zu den Menschen!" Aber keine Antwort war zu hören. Nur ab und zu fanden die Tiere eine versteinerte, hellblaue Träne ihres Freundes. Sorgsam sammelten sie diese ein und hüteten sie wie einen Schatz.

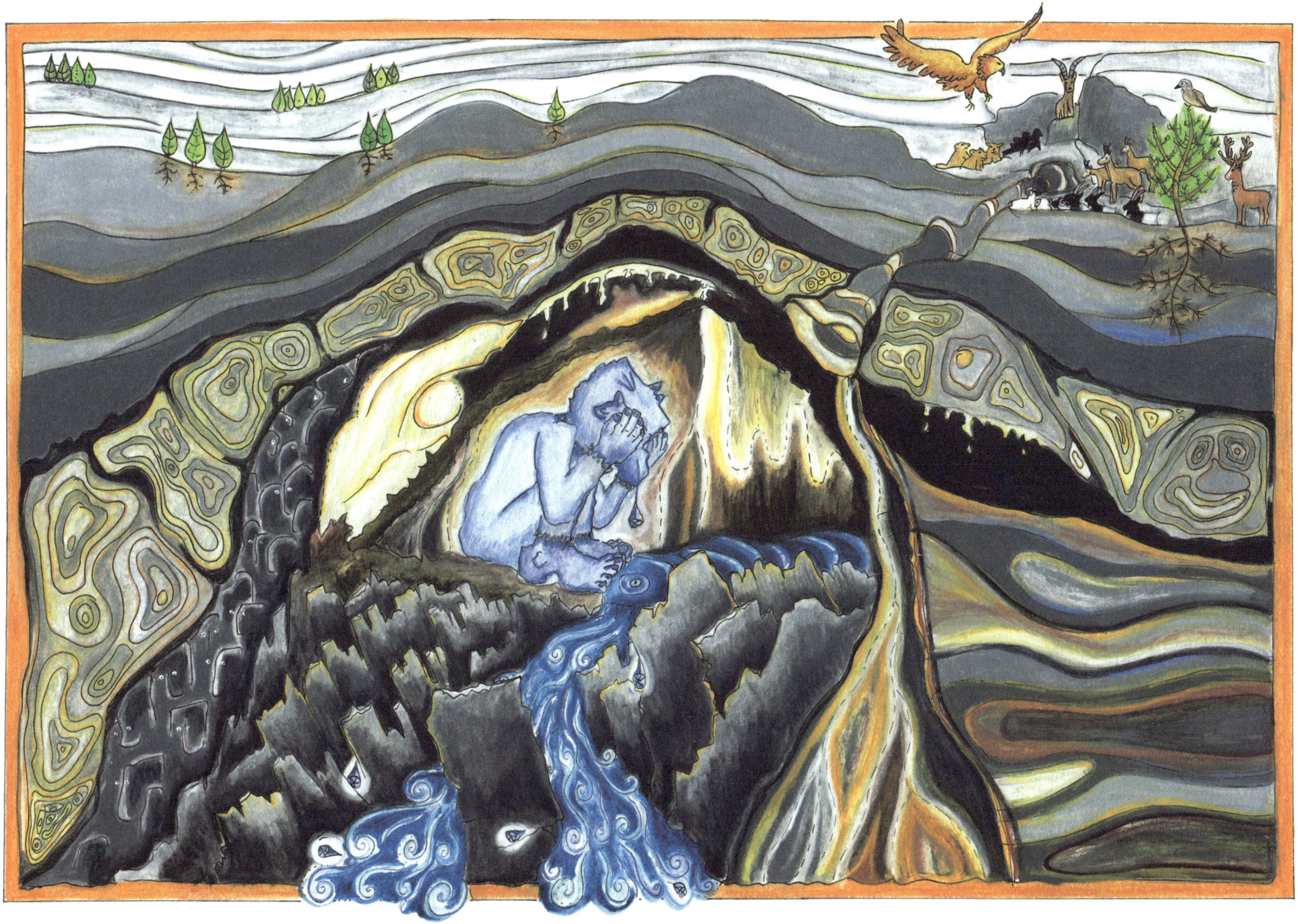

Wasserleitungen

Die Tiere blieben wachsam. Sie merkten, wie die Menschen, von genau dieser Zeit an, an Wassermangel litten, die Felder verdorrten und der dunkle Hunger durch die kleinen Dörfer schlich. Die Quelle beim Wiwannihorn war versiegt, und niemand konnte sich erklären warum. Sie konnten nicht ahnen, dass ein Berggeist in den "Nasulechern" sass und sich das kostbare Wasser einen anderen Weg ins Nachbartal suchte. Die Not war gross.

Die Menschen trauten sich erst nach vielen Jahren wieder in das wilde Tal. Den Weinbau auf dem Berg liessen sie bleiben. Sie fanden andere Halden dafür. Aber das klare Wasser der wilden Täler benötigten sie dringend für ihre Äcker und Gärten. Um immer genügend und bequem Wasser zu haben, wollten sie einen eigenen Gletscher errichten. Dazu trugen sie mühsam grosse Eisblöcke vom Baltschiedergletscher hinauf zum Wiwanni. Durch das Schmelzwasser erhofften sie sich das Ende ihrer Not. Doch auch das funktionierte nicht so, wie sie meinten. (Sage 3)

Dann bauten sie kunstvolle, aber auch gefährliche Wasserleitungen aus ausgehöhlten Baumstämmen. Von weit her floss das kostbare Nass durch enge Täler, über tiefe Schluchten und unwegsame Abgründe vom Bietsch- und Baltschiedertal bis in ihre Dörfer. Diese Arbeit war hart und erforderte viel Geschicklichkeit und Mut.

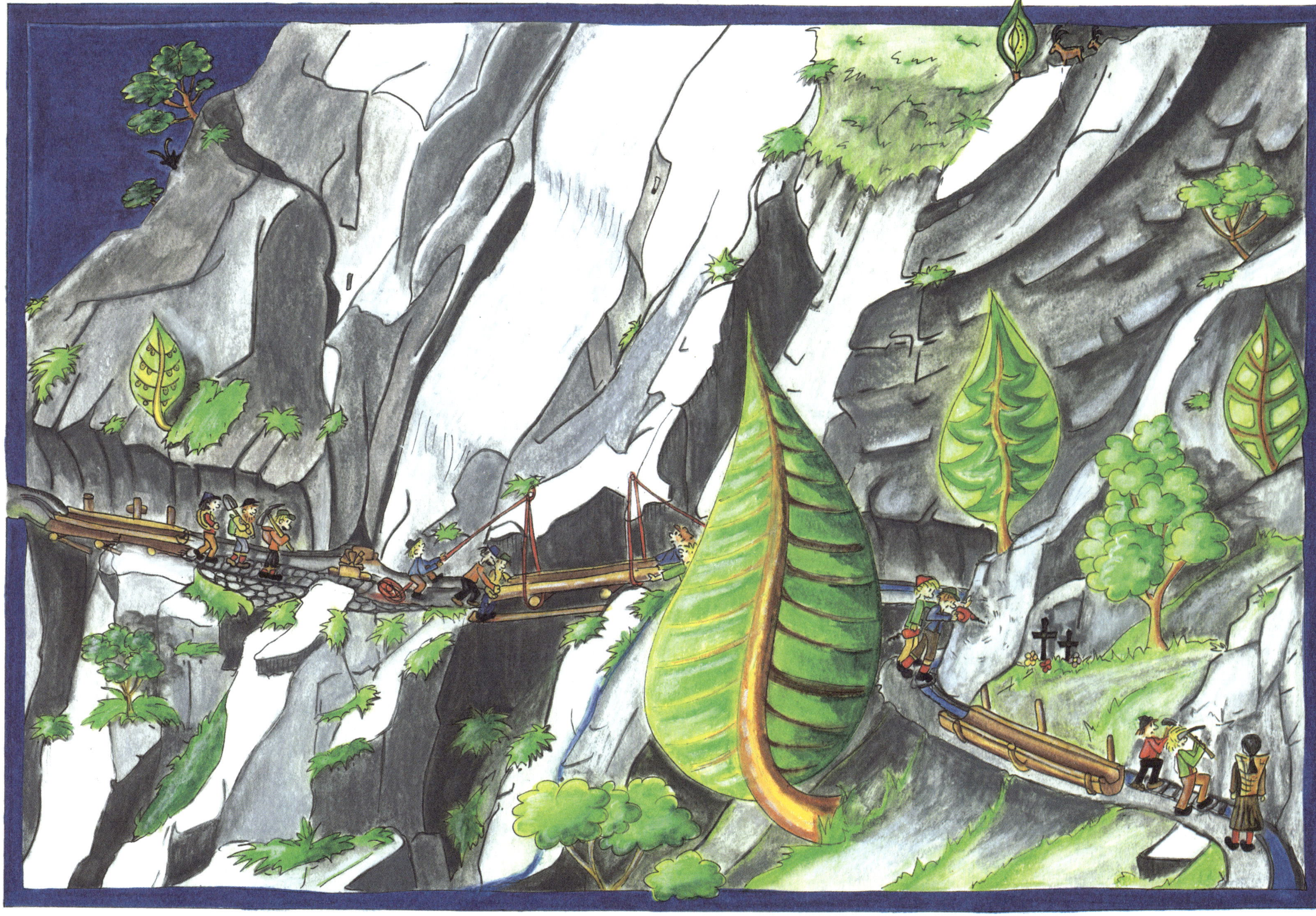

Ausserberg

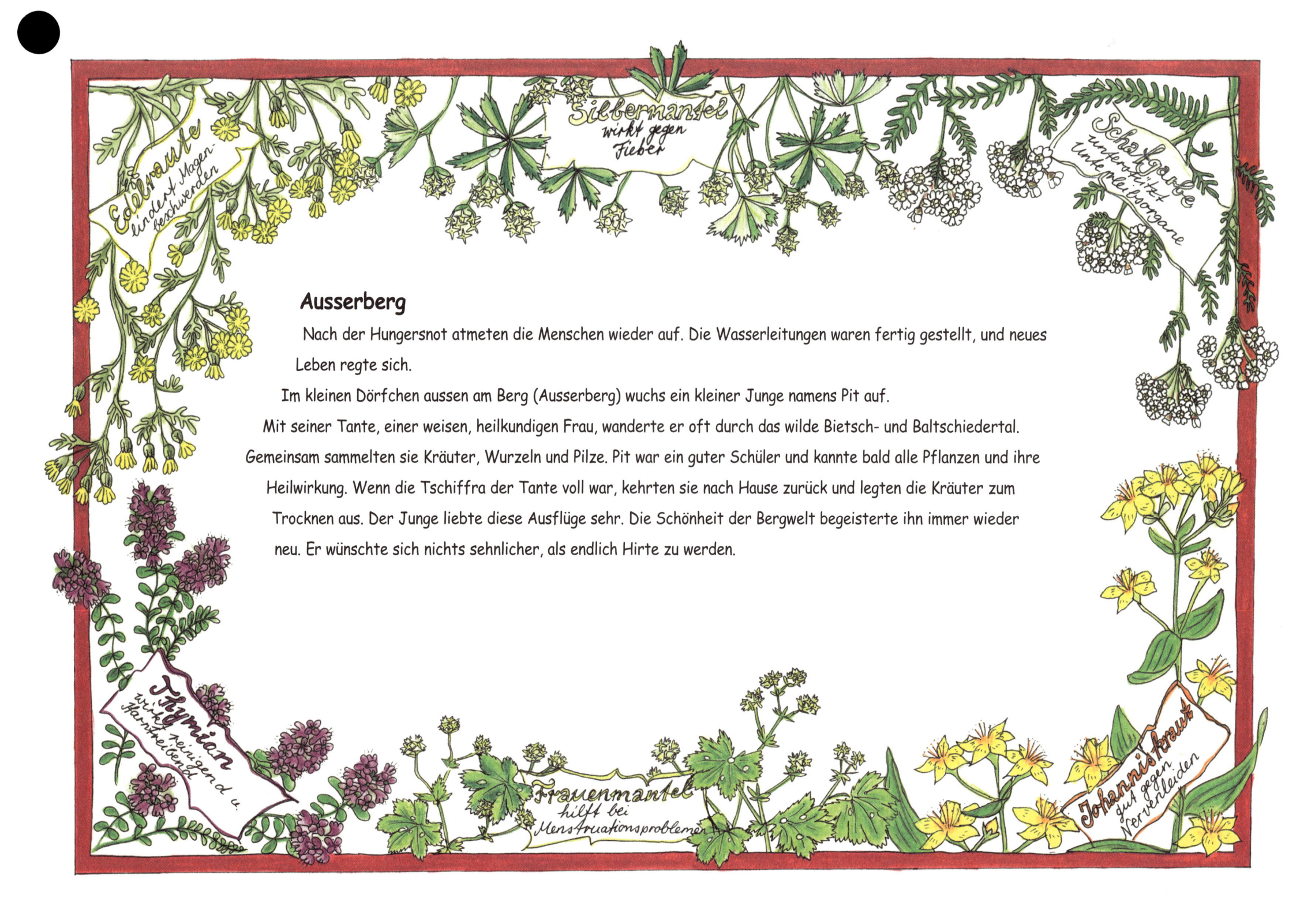

Nach der Hungersnot atmeten die Menschen wieder auf. Die Wasserleitungen waren fertig gestellt, und neues Leben regte sich.

Im kleinen Dörfchen aussen am Berg (Ausserberg) wuchs ein kleiner Junge namens Pit auf.

Mit seiner Tante, einer weisen, heilkundigen Frau, wanderte er oft durch das wilde Bietsch- und Baltschiedertal. Gemeinsam sammelten sie Kräuter, Wurzeln und Pilze. Pit war ein guter Schüler und kannte bald alle Pflanzen und ihre Heilwirkung. Wenn die Tschiffra der Tante voll war, kehrten sie nach Hause zurück und legten die Kräuter zum Trocknen aus. Der Junge liebte diese Ausflüge sehr. Die Schönheit der Bergwelt begeisterte ihn immer wieder neu. Er wünschte sich nichts sehnlicher, als endlich Hirte zu werden.

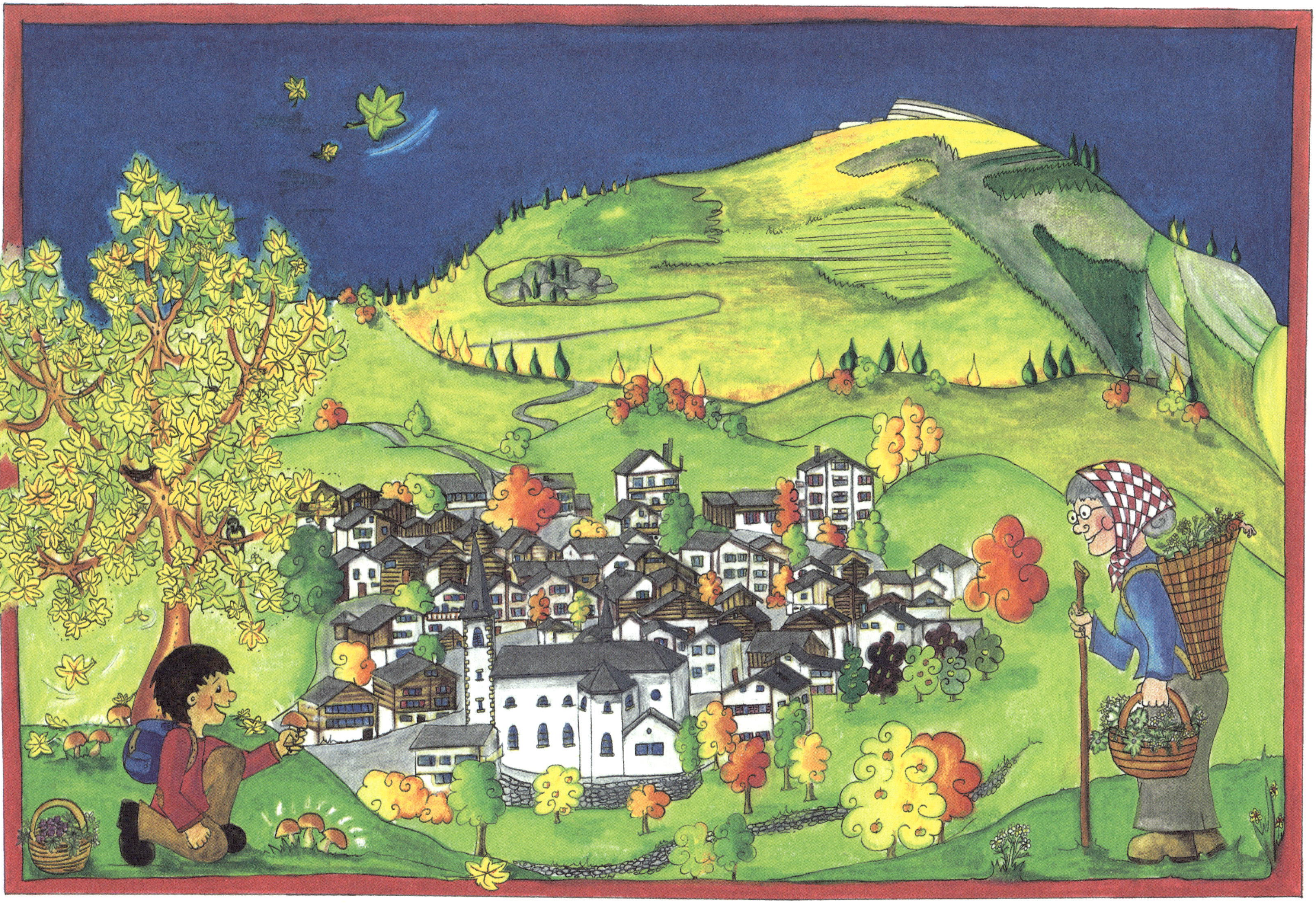

Färriche

Pit konnte kaum warten, bis es endlich Sommer wurde und er hinauf in die Berge durfte. Er war bereits zehn Jahre alt, und weil er jeden Winkel kannte, durfte er bereits diesen Sommer zum ersten Mal mit den Schafen seines Onkels auf die Alpe Raaft. Schon immer hatte er von einem Leben in seinen geliebten Bergen geträumt. Am liebsten hielt er sich bei den Färrichen unterhalb der Weinwanne auf. Dorthin führte er seine Schafe und Ziegen, wenn es Abend wurde. Hinter den kunstvoll angelegten Mäuerchen waren die Tiere geschützt. Inmitten der herrlichen Berge, dem frischen Wind und der duftenden Kräuter fühlte er sich frei, leicht und unendlich glücklich. " Wenn ich gross bin, will ich Bergführer werden," dachte sich Pit. "Und wenn ich einen Freund hätte, möchte ich mit ihm alle Berge besteigen. Was kann es Schöneres geben, als in der Natur zu leben!" Vor lauter Freude spielte er oft auf seiner Flöte. Die Melodien kamen aus seinem Herzen. Sein Flötenspiel gefiel nicht nur den Schafen, Ziegen und Kühen, sondern auch den wilden Bergtieren. Sie liebten ihn. Sie merkten auch, dass dieses Menschenkind anders war als die, die sie schon erlebt hatten. Obwohl Pit ein sehr aufmerksamer Junge war, bemerkte er diesmal nicht, wie die Tiere hinter einem Felsen die Köpfe zusammensteckten.

"Dieser Junge hat bestimmt keine Angst vor einem Berggeist! Vielleicht könnte er unseren Freund Wanni aus der Höhle locken. Menschen hatten Wanni vertrieben, und Menschen sollten ihn wieder froh machen. Er wünschte sich ja so sehr die Menschenfreundschaft. Wenn wir einander helfen, sollte das gelingen! Wir müssen Wanni von diesem kleinen Hirten erzählen! Irgendwie müssen wir diesen Jungen zu ihm bringen."

Pit kannte Wanni nur vom Höhrensagen. Die Geschichten vom Versiegen des Wassers und einem Berggeist wollte er aber nicht so recht glauben.

●

Coelestin im Baltschiederbach

Da geschah es einmal, dass Pit am Baltschiederbach eine Rast machte. Kurz entschlossen zog er Schuhe und Strümpfe aus und gönnte seinen Füssen ein erfrischendes Bad. Zu seinem Erstaunen glitzerte im klaren Wasser ein eigenartiger Stein. So einen hatte er noch nie zuvor gesehen. Neugierig hob er ihn auf und betrachtete ihn von allen Seiten. Seine hellblaue Farbe erinnerte ihn an den Himmel.

Eine eigenartige Kraft schien in dem Stein zu schlummern. Kaum hatte er ihn in den Händen, war ihm, als würde die ganze Welt viel heller und klarer.

"Geh zum Arbol auf die andere Seite des Berges", hörte Pit eine fremde Stimme rufen. Hoch über ihm kreiste ein Steinadler. Konnte es sein, dass der Vogel zu ihm sprach? Wieder betrachtete er den Kristall in seiner Hand. Es zog ihn nun so fest den Berg hinauf, dass er einfach seinem Gefühl folgte. Der Adler flog voraus. Pit kletterte geschickt die Felswand hoch, überquerte den Bergrücken des Augstkummenhorns und gelangte ins Arbol.

Unterdessen hatte der Adler schon die anderen Tiere benachrichtigt. Sie beeilten sich, alles für ihren Plan bereitzuhalten, und hofften sehr, dass der Junge die Höhle und Wanni finden möge.

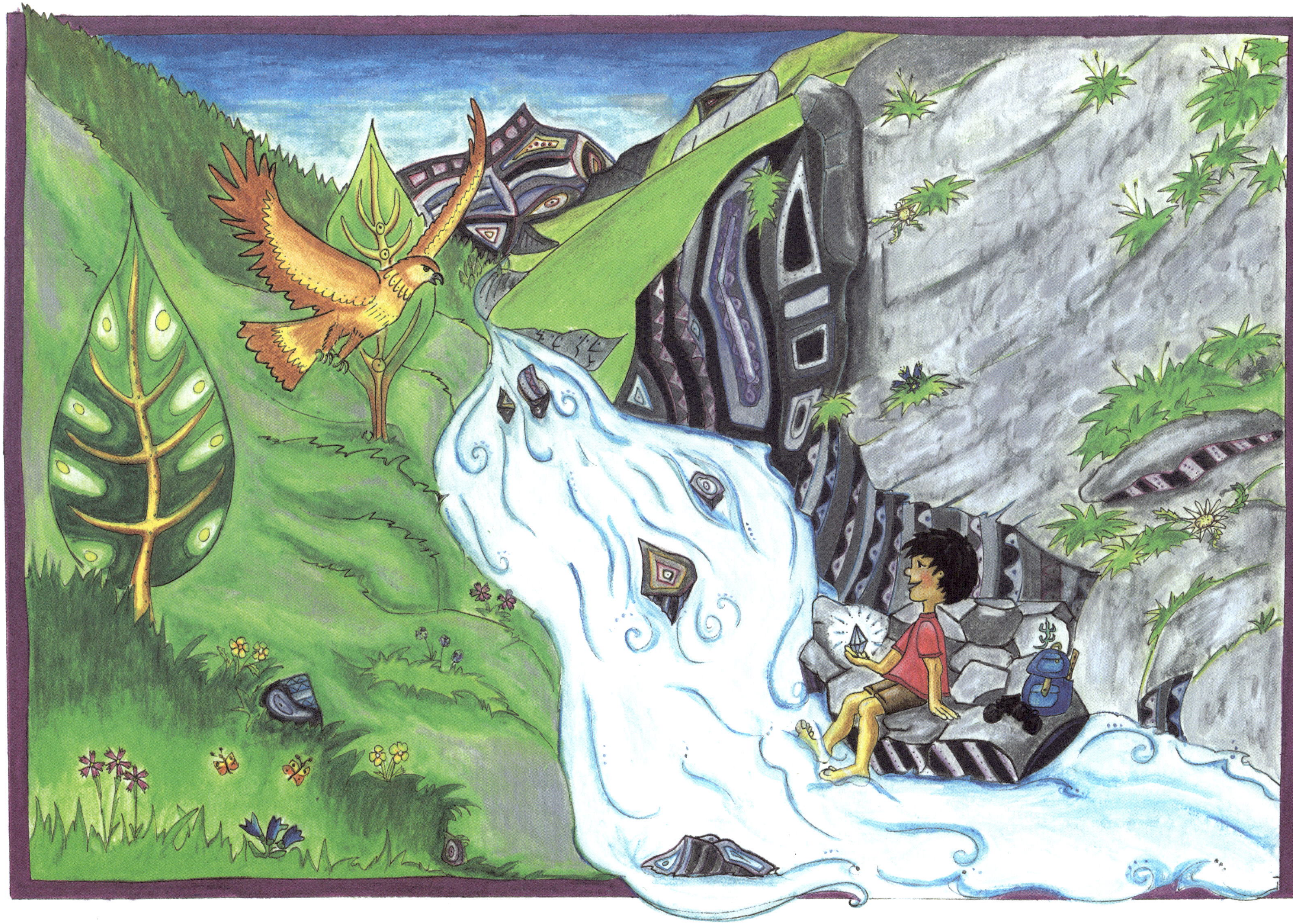

Arbol

Die Tiere hatten alles bereitgelegt, um den Jungen zu Wanni zu führen. Würden sie wohl Freunde werden? Ob das wohl klappen wird? Würde Wanni wieder zu ihnen zurückkehren? Sie wussten es nicht.

Das Arbol war seit jeher ein geheimnisvoller Ort. Oberhalb der Waldgrenze umflatterten Pit Tausende von Schmetterlingen. Dann kam er in den Wald.
Zwischen den uralten knorrigen Bäumen schlich dichter Nebel heran und hüllte ihn ein. Weil er wusste, dass man sich bei Nebel sehr leicht verirren kann, achtete er besonders gut auf den Weg. Da, plötzlich glitzerte etwas vor seinen Füssen. Er hob einen leuchtend blauen Stein auf. "So einen fand ich doch schon! Und da liegt noch einer, dort auch! Eine Spur?" Neugierig folgte er den Steinen, die durch den Nebel leuchteten. Dabei merkte er nicht, dass ihn drei edle Hirsche genau beobachteten. Es waren die drei Feuerhirsche, die Hüter des Arbolwaldes. Sie schauten zufrieden, wie der Junge ihrer Glitzerspur folgte. Sie hofften nur ganz fest, dass er so zur Höhle von Wanni fand. Pit konnte die Hirsche, die anderen Tiere, den Adler und die Nebelfee nicht sehen. Er war zu gespannt, was ihm die Steine zeigen wollten.

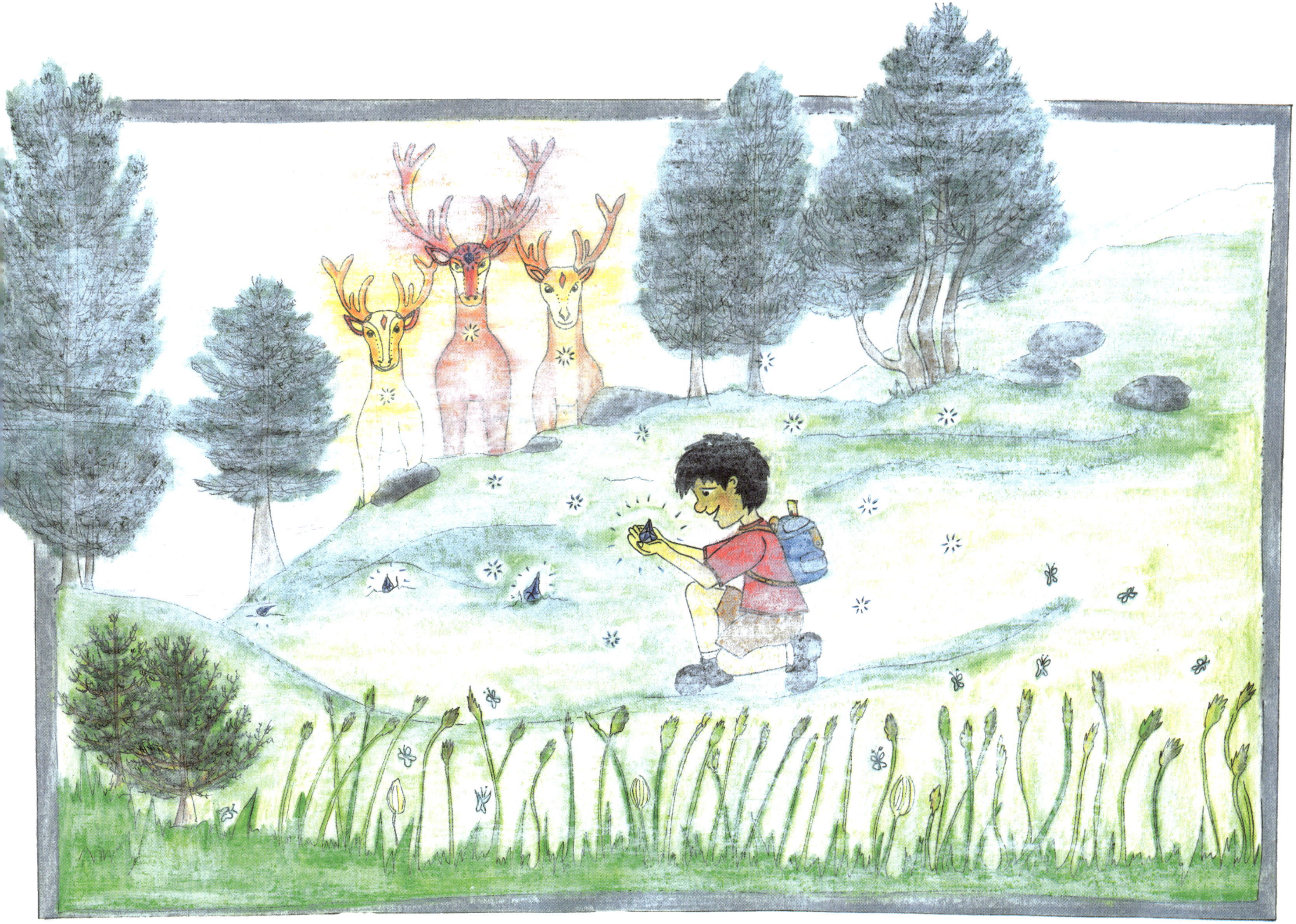

Bietschtal

Die Steine führten Pit in eine steile Felswand. Diesen schmalen Weg war er noch nie zuvor gegangen. Mit vorsichtigem Tritt kletterte er der funkelnden Spur nach. Der Nebel lichtete sich ein wenig, als er sich inmitten der steilen Felswand vor einer kleinen Höhle befand. Die Tiere beobachteten gespannt, was nun geschehen würde. Sie hofften so sehr, dass ihr geliebter Wanni und der Menschenjunge sich irgendwie treffen und Freunde würden. Ein Menschenfreund könnte Wannis Herz wieder mit Glück und Hoffnung erfüllen, und er würde wieder zu ihnen zurückkehren.

Pit legte sich erschöpft unter die kleine Föhre, welche hier aus einer schmalen Felsritze wuchs. Das Gurgeln von zwei Bächlein unterhalb der Höhle liess ihn in einen seltsamen Schlaf fallen. Er träumte. Im Traum fühlte er sich ganz geborgen und warm. Eine klare Stimme sprach zu ihm: " Du musst Pit, der Hirtenjunge sein. Meine Tierfreunde haben mir von dir erzählt. Von ihnen weiss ich, dass du die Berge liebst und einen Bergfreund suchst. Und ich möchte einen Menschenfreund. Zwar bin ich ein Berggeist, aber wenn du willst, können wir dicke Freunde werden. Du scheinst mir der Richtige zu sein. Möchtest du? Wenn ja, wirf einen blauen Stein in die Höhle."

Ein Rumpeln aus dem Berginnern riss Pit aus dem Schlaf. Neben sich funkelte ein hellblauer Stein. Er hob ihn auf und warf ihn entschlossen in die Höhle. Kurz darauf sprudelten daraus zwei Bächlein hervor. Immer mehr Wasser folgte nach, bis grosse Wassermengen unterhalb seines Platzes aus den beiden Höhlen schossen. Sie rissen Holzbalken mit sich. (Sage 2) Und schwupps! Was war denn das? Ein blauer Wind? Oder sein neuer Freund? Pit glaubte immer noch zu träumen. Er rieb sich die Augen. Er ahnte, dass er in diesem Moment einen treuen Freund gewonnen hatte, mit dem er noch viele Abenteuer erleben würde.

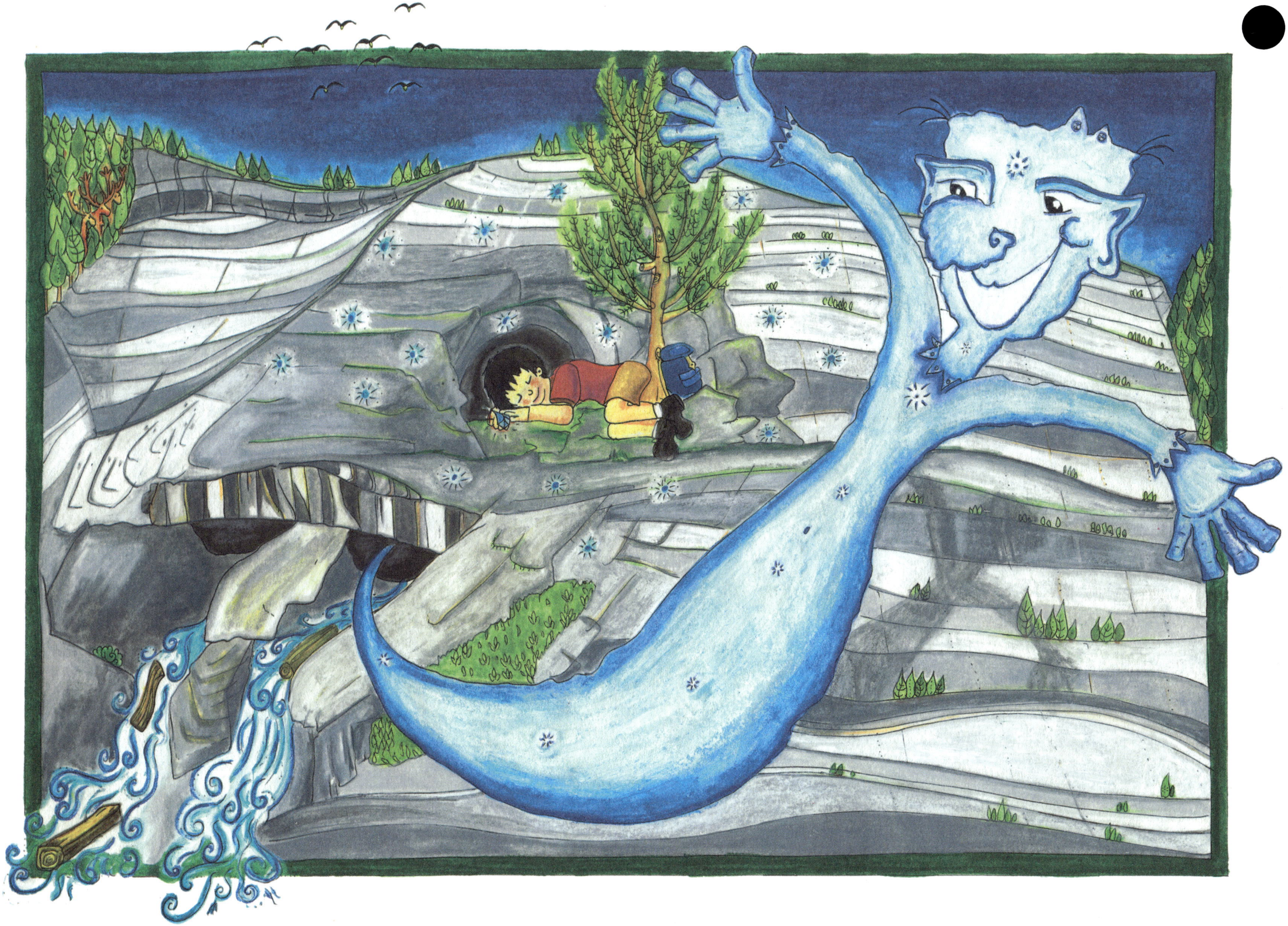

Wiwannihütte

Während seiner Jugend trug Pit den blauen Stein aus dem Baltschiederbach immer bei sich. Er wurde Bergführer. Je länger er mit Wanni, seinem Freund, in seinen geliebten Bergen lebte, umso klarer wurde ihm, wie wunderschön eine Freundschaft zwischen Mensch und Natur sein kann.

Auch Wanni war glücklich. Endlich hatte er einen Menschenfreund. Und es sollten noch viele werden!

Gemeinsam berieten sie, wie man vielen Menschen die Schönheit der Bergwelt näher bringen könnte. "Wie wäre es mit einer Hütte, hier bei der einstigen Weinwanne?"

Einige Jahre später stand die Wiwannihütte.

Seither kehren viele Bergsteiger und Wanderer in dieser Hütte ein. Der junge Mann und Wanni lehren ihre Gäste die Berge zu lieben und zu achten. Sie zeigen ihnen mit viel Liebe die Schönheit der Natur. Und allen wird dabei so eigenartig frei ums Herz. Es ist ein Ort zum Glücklichsein!

Auch die Tiere sind glücklich. Wanni, der Schutzgeist des Wiwannihorns, ist zurück.

Wie du nun weisst, ist immer alles im Wandel und in Bewegung. Wanni kommt auch in deine Zeit und da tauchen ganz andere Sorgen auf. Was es mit "dem Geheimnis der blauen Steine" auf sich hat, und wie du ihm helfen kannst, erfährst du im Folgebilderbuch.

..................i....aa!